SALIERI:

SIETE OBERTURAS DE ÓPERAS

SALIERI:
SIETE OBERTURAS DE ÓPERAS

TRANSCRIPCIONES DE CONCIERTO PARA PIANO.
OP. 1

Para pedidos de copias adicionales de este libro, por favor contacte con:
Palibrio
1663 Liberty Drive
Suite 200
Bloomington, IN 47403
Llamadas desde los EE.UU. 877.407.5847
Llamadas internacionales +1.812.671.9757
Fax: +1.812.355.1576
ventas@palibrio.com
336119

INDICE

INTRODUCCIÓN

La concepción del piano no solo como instrumento solista, sino como una síntesis orquestal abre nuevas perspectivas, tanto desde el punto de vista interpretativo como desde el propio del análisis musical.

Cabe destacar el empleo de la palabra "síntesis" y no "sustituto", pues el piano se utiliza en lugar de orquesta solamente cuando se trata de composiciones con solista(s). En el caso de obras totalmente orquestales que se ejecutarán en piano solo, la función de este instrumento es reunir la mayor cantidad posible de elementos sonoros de la creación original, haciendo uso de todos los recursos técnicos y mecánicos al alcance de las posibilidades del intérprete. La presente publicación pertenece a este segundo tipo de obras.

La tendencia a la realización de reducciones a piano solo no es algo nuevo. No existen datos precisos sobre la fecha de creación de la primera transcripción musical en la historia. Probablemente la reducción a piano solo de una partitura de orquesta o conjunto de instrumentos haya surgido con una función utilitaria en obras de gran magnitud: simplificar la logística y reducir el presupuesto económico para realizar ensayos. Es decir, siempre ha resultado más sencillo ensayar una ópera o un oratorio con un pianista que con una orquesta. Así, puede resultar bastante lógico que los primeros transcriptores que elaboraron reducciones para piano o instrumento de tecla solo, hayan sido los mismos autores de las obras.

Ejemplos de compositores como Johann Sebastian Bach en sus Conciertos para instrumento de tecla y orquesta y Georg Friedrich Händel en sus oratorios, muestran que el clavecín, el clavicordio y el piano "reducen" o sintetizan las partes orquestales.

En otro orden de ideas pero en estos mismos tiempos, dentro de las principales aportaciones del siglo XVIII al acervo de transcripciones, se pueden contar las obras de J. S. Bach catalogadas como BWV 972-987 que corresponden a conciertos para orquesta e instrumentos solistas varios, de autores como Antonio Vivaldi, Alessandro y Benedetto Marcello, y Georg Philipp Telemann entre otros, adaptados a instrumento de tecla solo. Gracias a estas transcripciones, la música de Antonio Vivaldi fue redescubierta en el mundo europeo. Así, se percibe una función natural de la transcripción: la conservación y el acercamiento de un mayor número de ejecutantes al repertorio creado para determinados instrumentos.

En la segunda mitad del siglo XVIII, existe un ejemplo sobresaliente de transcripción para instrumento de tecla solista digno de mencionarse: Los divertimentos K. Anh. 229/439b de Wolfgang Amadeus Mozart. Estas 25 pequeñas piezas dispuestas en cinco grupos de cinco, fueron escritas por su creador para trío de cornos di bassetto. Posteriormente se hicieron instrumentaciones diversas. Sin embargo, se desconoce el nombre del transcriptor que, reagrupó estas piezas, cambió muchas de ellas de tonalidad de acuerdo a la estructura de la sonata clásica, eliminó algunas de ellas y las dispuso para instrumento de tecla, contribuyendo al repertorio pianístico con lo que hoy se conoce como las "Seis Sonatinas Vienesas". Se presume que este personaje debe haber vivido en la misma época de Mozart, que por respeto a los derechos de autor, y quizá también por temor a la crítica, no dio su nombre, sencillamente lanzando al repertorio musical su trabajo.

Si se atiende al hecho de la reorganización y retonulación de estas piezas, se tiene enfrente un trabajo de "recreación" o "nueva creación", que dista mucho del trabajo de realizar simples copias de un original. Entonces se comienzan a ver los méritos de un transcriptor: adaptar una pieza musical, con todos los elementos artísticos, psicológicos, estilísticos y estéticos a un instrumento completamente distinto a aquel para el que fue compuesta, sin cambiar las ideas originales.

En referencia al mismo Mozart, después de severos análisis, se ha concluido que algunas de las primeras obras del genio musical austriaco en realidad fueron reformulaciones (transcripciones) de obras de sus maestros, tal y como se afirma de los cuatro primeros conciertos para piano y orquesta.

Pasando por un gran número de obras transcritas para ser ejecutadas con instrumentos distintos a los originales, en el siglo XIX, uno de los más grandes músicos, pianistas y compositores de todas las épocas, Franz Liszt realizó transcripciones magistrales para piano de composiciones variadas, destacando las 9 sinfonías de Ludwig van Beethoven, el poema sinfónico "Danza Macabra" de Camille Saint-Saëns y los trabajos para piano sobre óperas de Richard Wagner.

Los trabajos de transcripción de Liszt, si bien conservan las ideas originales de los compositores primarios, en el caso específico de las obras de Händel y Mozart, incorporan todo un sistema de recursos pianísticos de técnica y estilo aún no desarrollados en las épocas en que los autores primarios crearon sus obras. Aunque esta innovación hace perder hasta cierto punto el estilo y la estética originales, realza la intención de las obras, aumentando la expresividad y la contextualización, y explotando de una manera nueva, efectiva e ilimitada las habilidades virtuosísticas del ejecutante, dando un nuevo enfoque a las piezas musicales.

En ocasiones esto ha sido fuertemente criticado desde el punto de vista estético, pero siempre aclamado desde el punto de vista creativo, interpretativo y técnico.

Las presentes transcripciones pretenden rescatar una mínima parte de la basta obra del compositor y músico nacido en Legnago, Italia, que habiendo creado cerca de cuarenta óperas, el día de hoy es muy poco escuchado. En la elaboración he empleado técnicas y estilos varios no pertenecientes a la época de las oberturas abordadas aquí, pero que permiten una musicalidad y una intencionalidad propia de los tiempos actuales.

Es después de estas breves frases y siguiendo los pasos de los grandes maestros de la música, que presento mi opus 1, como un homenaje en el 262 aniversario del nacimiento de quien en vida fuera "maestro de los grandes maestros": Ludwig van Beethoven, Carl Czerny, Franz Schubert, Johann Nepomuk Hummel, Franz Liszt,…

el gran ANTONIO SALIERI.

Arturo Sherman Yep
México, 2012

Obertura Don Quijote

Obertura Don Quijote

Obertura Heráclito y Demócrito

Obertura Heráclito y Demócrito

Obertura El Talismán

Obertura El Talismán

Obertura Il Moro

Obertura II Moro

Obertura El rico de un día

Obertura El rico de un día

Obertura Axur, Rey de Ormus

Obertura Axur, Rey de Ormus

Obertura César en Farmacusa

Obertura César en Farmacusa